Sammlung gemeinverständlicher Vorträge
herausgegeben von
der Berliner Finkenschaft.

Die Gefängnisarbeit.

Vortrag

gehalten am 26. Juli 1900

von

Dr. Franz v. Liszt,
ord. Professor der Rechte an der Universität Berlin.

Berlin 1900.
J. Guttentag, Verlagsbuchhandlung,
G. m. b. H.

Meine lieben Kommilitonen und verehrten Kommilitoninnen!

Lassen Sie mich mit der Versicherung beginnen, daß es mir eine besondere Freude ist, heute Abend vor Ihnen zu sprechen. Meine Freude wäre noch größer, wenn es mir möglich gewesen wäre, über ein anderes, allgemeineres und das Interesse der Kommilitonen aus den verschiedenen Fakultäten unmittelbarer in Anspruch nehmendes Thema zu sprechen, als das ist, das ich für meine heutigen Ausführungen gewählt habe. Aber meine Arbeitskraft war nach anderen Richtungen hin vollständig in Anspruch genommen, für besondere Vorarbeiten stand mir keine Zeit zu Gebote, und so blieb mir nichts Anderes übrig, als für meinen heutigen Vortrag einen Gegenstand zu wählen, mit dem ich mich augenblicklich in meinen Vorlesungen befasse.

Was uns heute beschäftigen soll, ist eine kleine Frage aus dem Gebiete des Gefängniswesens. Aber ich hoffe doch, daß es mir gelingen wird, sie in das hellere Licht allgemeiner Betrachtung zu stellen und zu zeigen, daß es keine, scheinbar noch so kleine Frage der Strafgesetzgebung, der Strafrechtspflege, des Strafvollzuges giebt, die mit Sicherheit anders gelöst werden könnte, als vom prinzipiellen Standpunkte aus, d. h. auf Grund einer klaren und sicheren Auffassung dessen, was wir mit der Strafe eigentlich wollen. Das ist freilich eine Ansicht, die in scharfem Gegensatz zu derjenigen steht, von der unsere maßgebenden Kreise in den preußischen Centralverwaltungen auszugehen pflegen, die ich aber gerade deshalb um so schärfer betonen möchte.

Unsere heutige Freiheitsstrafe ist ein durchaus modernes Institut, ein Institut, dessen Geschichte nicht weiter als etwa 150 bis 200 Jahre zurückreicht. Dem deutschen Mittelalter, wie unserem ersten deutschen Reichsstrafgesetzbuch, der Peinlichen Gerichtsordnung Karls V. von 1532, ist die Freiheitsstrafe vollkommen fremd gewesen. Da gab es als peinliche Strafe nur Todesstrafe und verstümmelnde Leibesstrafe; und wenn wir im späteren Mittelalter den Thurm finden, so sind darin nur Untersuchungsgefangene, die auf Aburteilung, und Verurteilte, die auf ihre Hinrichtung warten.

Die moderne Freiheitsstrafe hat ihren Vorläufer in den „Zuchthäusern", wie sie um die Mitte und den Ausgang des sechzehnten Jahrhunderts entstanden sind. Diese Zuchthäuser verdanken ihre Entstehung der Wirtschaftspolitik, nicht der Strafpolitik. Gegenüber dem Andrange der seit dem Ausgang des fünfzehnten Jahrhunderts immer zahlreicher auftretenden Bettler, Vagabunden und Gauner aller Art in den ländlichen, wie ganz besonders in den städtischen Gebieten, sah man sich da und dort veranlaßt, die Armenpflege auf eine rationelle Grundlage zu stellen. Im Zusammenhange damit wurde zunächst, vorübergehend und ohne dauernden Erfolg, in London um 1550 herum, dann mit klarer Erfassung des angestrebten Zweckes und in folgerichtiger Bestimmtheit in Amsterdam etwa 1596 der Gedanke zur Durchführung gebracht, daß der arbeitsfähige, aber arbeitsunwillige Bettler und Landstreicher durch harte Zucht an regelmäßige Arbeit gewöhnt und auf diese Weise der menschlichen Gesellschaft als nützliches Glied zurückgegeben werden solle. Alle diese Bettler und Landstreicher, die angeblich an den verschiedensten Gebrechen und Krankheiten litten, wurden festgenommen, hineingesteckt ins Zuchthaus, und zu harter Arbeit angehalten. In ironisierendem Anklang an katholische Vorstellungen sprach man wohl vom heiligen Raspinus, dem Schutzheiligen des Zuchthauses, weil der Arbeitsbetrieb im Wesentlichen im Raspeln, d. h. im Verkleinern der Farbhölzer bestand. Der Lahme, der mit Krücken hereinkam, erlernte bald das Gehen, der vermeintlich Blinde bekam sein Augenlicht in wenig Tagen, oft Stunden wieder, Gebrechen aller Art wurden in kurzer Zeit auf die wunderbarste Weise geheilt, und das Zuchthaus bewahrte eine reiche Sammlung von Krückstöcken, Bruchbändern und anderem Handwerkszeug der früheren Insassen. Weit und breit wurde der Ruhm des heiligen Raspinus verkündet. Die deutschen Hansastädte folgten zunächst dem Amsterdamer Muster, und allmählich verbreiteten sich die Zuchthäuser über den ganzen Norden und Süden des deutschen Reiches.

Aus diesen Zuchthäusern sind Strafanstalten geworden, seitdem die Gerichte anfingen, ihre Verurteilten ihnen zu überweisen. Das alte, rohe, auf dem Vergeltungsprinzip aufgebaute Strafensystem der peinlichen Gerichtsordnung erschien den Richtern des siebzehnten Jahrhunderts ebenso unzweckmäßig wie unmenschlich; und statt zum Galgen zu verurteilen, zogen sie es vor, den Verbrecher ins Zuchthaus zu stecken, um ihn nach Gewöhnung an regelmäßige Arbeit als brauchbares Glied der Gesellschaft zurückzugeben. Wie diese Strafanstalten besonders während der Wirren des dreißigjährigen Krieges und nach demselben heruntergegangen sind, wie später eine Wiedergeburt entstand, zunächst in den österreichischen Niederlanden in den siebziger Jahren des achtzehnten Jahrhunderts und unter dem Einfluß der Gefängnis-Reformer in den Vereinigten Staaten, wie dann aus Philadelphia der wahnwitzige Gedanke herüberkam, daß die Strafe in der Zelle zu vollstrecken sei, auch die langwierigste, daß der Verbrecher vom Morgen bis zum Abend, von Monat zu Monat, von Jahr zu Jahr in der Zelle gehalten werden sollte, wie dieser Gedanke von Amerika nach England, von da auf den Continent gekommen ist, — das Alles darzustellen ist meine Aufgabe am heutigen Abend nicht. Wir haben nur das Eine konstatieren wollen:

Unsere moderne Freiheitsstrafe verdankt ihre Entstehung dem Gedanken, daß der arbeitsfähige, aber arbeitsscheue Mensch an regelmäßige Arbeit gewöhnt und dadurch wieder zu einem brauchbaren Gliede der menschlichen Gesellschaft gemacht werden solle. Unsere moderne Freiheitsstrafe besteht daher in der in den Zuchthäusern organisierten Arbeit; und zwar ist diese Arbeit ursprünglich so organisiert, daß das Zuchthaus einen bestimmten Erwerbszweig übernimmt — in Amsterdam z. B. das Raspeln der Farbhölzer —, daß also ein fabrikartiger Arbeitsbetrieb auf eigene Rechnung der Anstalt eingerichtet wird. Von ihrem ersten Anfange an tritt uns die moderne Freiheitsstrafe entgegen als Freiheitsentziehung mit Arbeitszwang. Dieser organisierte Arbeitszwang bildet das Wesen der Freiheitsstrafe, ist ihr Lebenselement, das Element, mit dem sie steht und fällt.

Den Arbeitszwang in unseren Strafanstalten können wir uns in doppelter Gestalt denken; sowohl als Zwang zu der dem Sträflinge überwiesenen Arbeit, als auch als Zwang zu der Arbeit, die er sich selbst gewählt hat und die er unter der strengen Aufsicht der Anstalt ausführen muß. Und eines der allerschwersten Gebrechen in unserem modernen Strafvollzuge ist es, daß wir eine Freiheitsstrafe ohne Arbeitszwang haben; teils auf Grund des Gesetzes: denn unsere einfache Haft ist Freiheitsentziehung ohne Arbeitszwang; teils wenigstens in der praktischen Durchführung: denn die Gefängnisstrafe, die in den kleinen Gerichtsgefängnissen verbüßt wird, ist thatsächlich Freiheitsentziehung ohne Arbeitszwang.

Es läßt sich ja nicht bestreiten: wenn wir uns vorstellen, daß vier oder fünf Sträflinge ohne Beaufsichtigung, ohne Beschäftigung, aber mit staatlicher Ernährung und Heizung in der Zelle eines kleines Gerichtsgefängnisses sitzen, wenn wir bedenken, was für eine bunt zusammengewürfelte Gesellschaft da beisammen ist, verschiedene Altersstufen, Verdorbene und Anfänger auf der Bahn des Verbrechens, Gute und Böse, wie sie ihre Zeit sich vertreiben, wie der Eine dem Andern erzählt, was er im Verbrechen schon geleistet hat — dann können wir den Schluß nicht abweisen, daß gerade unsere kleinen Landgerichtsgefängnisse die Hochschule für den Verbrecher sind, der Ort, wo der nicht Verdorbene von rechtswegen verdorben wird, wo er das lernt, was er noch nicht weiß, wo er verbrecherische Verbindungen, vielleicht für sein ganzes Leben, anknüpft. Als vor etwa zehn bis fünfzehn Jahren dieser Satz von uns Professoren zum ersten Male ausgesprochen wurde, da waren es die Vertreter der preußischen Justiz zuerst, die uns den Vorwurf machten, daß wir ohne Kenntnis der praktischen Verhältnisse vom grünen Tisch aus urteilten. Heute können wir auf mehr als einen offiziellen Bericht unserer preußischen Zentralstellen verweisen, in dem es ausgesprochen wird, daß diese Freiheitsstrafe ohne Arbeitszwang nichts nützt, aber viel schadet, daß sie die Hochschule des Verbrechertums ist. Ich verweise auf die bestimmten Äußerungen, die Sie zuletzt in den Motiven zu dem preußischen Gesetz über die Zwangserziehung jugendlicher Verbrecher und verwahrloster Jugendlicher finden. Der Satz, daß unsere Freiheitsentziehung ohne Arbeitszwang zu den verderblichsten Einrichtungen gehört, kann heute als allgemein und von autoritativster Seite anerkannt hingestellt werden.

Das war eine vorläufige Schlußfolgerung, die wir aus der historischen Entwicklung der Freiheitsstrafe ziehen wollen.

Wir gehen jetzt über auf die Betrachtung der Einrichtungen, wie sie thatsächlich in Preußen bestehen. Es kann nicht die Aufgabe des heutigen Vortrages sein, die geschichtliche Entwicklung unserer Strafanstalten im Einzelnen darzustellen. Ich weise nur darauf hin, daß auch die preußischen Gefängnisse im siebzehnten und achtzehnten Jahrhundert, ja noch in der zweiten Hälfte des achtzehnten Jahrhunderts, die allertraurigsten und allererbärmlichsten Zustände aufzuweisen hatten. Ich erwähne ferner, daß eine flüchtige, vorübergehende Periode des Aufschwunges eintrat in dem fridericianischen Zeitalter, daß der Schöpfer unseres allgemeinen preußischen Landrechtes, Suarez, eine Organisation für den Strafvollzug ausgearbeitet hat, daß die sehr bedeutsame preußische Zirkularverordnung von 1799 eine Reihe von Reformen einführte, die uns als durchaus modern anmuten; daß aber alle diese Reformen ins Stocken geraten sind, infolge der kriegerischen Ereignisse im Anfange unseres Jahrhunderts. So bieten die preußischen Strafanstalten um die Wende der beiden Jahrhunderte im Wesentlichen dasselbe Bild wie früher, wenn sich auch da und dort kleine Besserungen zeigen. Soweit überhaupt gearbeitet worden ist, war es im wesentlichen die Arbeit, wie sie in den früheren Zuchthäusern verrichtet wurde: Arbeit auf eigene Rechnung der Anstalt, eine Fabrikarbeit, bei der die Anstalt das Rohmaterial einkaufte, dieses auf ihre Kosten mit eigenen Gerätschaften sowie mit eigenen Werkmeistern verarbeiten ließ, und die fertigen Produkte auf eigene Rechnung auf den Markt warf. Diese Arbeit, der sogenannte Regiebetrieb, ist das charakteristische Kennzeichen für die Organisation der Arbeit unserer Gefängnisse bis in die vierziger Jahre unseres Jahrhunderts hinein. Daneben gab es da oder dort den sogenannten Kundenbetrieb oder das Akkordsystem, d. h. die Anstalt arbeitete wie ein kleiner Schneider oder Schuster auf Bestellung irgend eines privaten Kunden oder eines Angestellten der Anstalt, mochte er die Rohstoffe selbst liefern oder nicht. Bis tief in die vierziger Jahre blieben diese beiden Formen des organisierten Arbeitsbetriebes in den preußischen Anstalten bestehen: die Strafanstalt arbeitete mithin entweder als Fabrikant für das Publikum oder als Handwerker für den einzelnen Kunden.

Es ist einleuchtend, daß der Fabriksbetrieb große Schwierigkeiten mit sich bringt. Er setzt voraus, daß der Leiter der Anstalt ein gewandter Kaufmann ist, der die Konjunktur kennt und zu benutzen weiß, billig einkauft und möglichst teuer verkauft. Ebenso klar dürfte es sein, daß auch der Kundenbetrieb, die Arbeit auf Bestellung, niemals größeren Umfang annehmen konnte, so daß etwa die Einwohner der benachbarten Stadt den größeren Teil ihres Bedarfes an Schneider-, Schlosser-, Möbel-Arbeiten in den Gefängnissen anfertigen ließen. Der finanzielle Ertrag der Gefängnisarbeit war denn auch überaus gering.

So können wir es uns erklären, daß 1849 in der zweiten preußischen Kammer gegen das damals herrschende System des Arbeitsbetriebes energische Opposition erhoben worden ist, und daß man, und zwar unter dem Beitritt der ersten Kammer, Einstellung dieses Systems, seinen Ersatz durch das sogenannte Unternehmersystem energisch verlangte. Seit 1850 sind das Justizministerium und das Ministerium des Innern dieser Anregung nachgekommen, und bis in die letzte Zeit hinein herrscht der Unternehmerbetrieb in unseren Anstalten. Das Wesen desselben besteht darin, daß die Arbeitskraft der Sträflinge an den Unternehmer verpachtet wird. Verschiedene Formen, schärfere und mildere, können wir innerhalb dieses Systems unterscheiden. Die schärfste Form ist die sogenannte Generalentreprise. Sie besteht darin, daß der Unternehmer nicht nur die ganze Arbeitskraft der Gefangenen, sondern auch ihre gesamte Verpflegung übernimmt, ein System, das besonders in den katholischen Ländern, und vor allem wieder in den Weibergefängnissen, in Gebrauch ist. Die zweite Form des Unternehmersystems besteht darin, daß die ganze Arbeitskraft der sämtlichen Gefangenen in den Anstalten eines Landes an einen Generalunternehmer verpachtet wird, dieser aber seinerseits Verträge mit anderen kleineren Unternehmern auf eigene Rechnung abschließt. Für Preußen kommt die gemildertste Form in betracht, daß eine bestimmte Kopfzahl von Gefangenen an einzelne Unternehmer verpachtet wird: der Unternehmer stellt das Rohmaterial, die Arbeitsgerätschaften, die Werkmeister, die den Gefangenen ausbilden, übernimmt auf eigene Rechnung die Produkte und verkauft sie. Der Vertrag wird meistens auf drei bis sechs Jahre geschlossen, der Unternehmer verpflichtet sich, eine bestimmte Höchstzahl von Gefangenen zu beschäftigen. Der Gefängnisdirektor bestimmt die Zahl der thatsächlich dem Unternehmer überwiesenen Gefangenen, und behält sich ferner vor, jeden der Gefangenen aus dem Betrieb herauszunehmen, wenn es ihm notwendig oder nützlich erscheint. Dieses System hat noch im November 1869 die lebhafteste Billigung des preußischen Abgeordnetenhauses gefunden und ist im Anfang der siebziger Jahre im deutschen Reichstag zur Uebertragung auf das ganze deutsche Reich vorgeschlagen worden. So sonderbar es uns heute erscheint, so müssen wir doch feststellen, daß das Unternehmersystem bis in die siebziger Jahre hinein von einer populären Bewegung getragen wurde. Und ganz unleugbar hat es große Vorteile für die Verwaltung: es ist bequem für den Direktor, der nach Abschluß des Vertrages sich um nichts weiter zu bekümmern braucht, die Gefangenen werden durch den Unternehmer beschäftigt, die Aufseher können sich auf die Aufsicht beschränken, ein Risiko für die Anstalt ist nicht damit verbunden. Es kommt hinzu, daß dieses System auch finanziell einigermaßen erträgliche Ergebnisse abgeworfen hat; regelmäßig bessere als das System der Eigenregie. So betrug noch im Jahre 1898/99 in den unter dem preußischen Ministerium des Innern stehenden Anstalten der Arbeitsertrag für den Kopf: aus dem Betrieb für Reichs- und Staatsbehörden 157,28 Mark, aus dem Unternehmerbetrieb 203,01 Mark.

Dennoch stehen sehr schwere Bedenken diesem System gegenüber. Erstens Bedenken, welche mit der Erreichung des Strafzweckes im Zusammenhange stehen, und zweitens Bedenken wirtschaftlicher Natur. Was die ersteren betrifft, so liegt es auf der Hand, daß mit dem Unternehmerbetrieb ein dem Strafvollzug vollkommen fremdes Element in die Strafe hineinkommt. Der Unternehmer steht dem Strafvollzug vollkommen fern. Seine Werkmeister haben mit der Anstaltsverwaltung nichts zu thun; sie sind keine Beamten, und wenn sie auch für eine Übertretung der Disziplin in Strafe genommen werden können, so wirkt die Aussicht auf eine solche Strafe doch ihnen gegenüber viel weniger hemmend als gegenüber den eigenen Beamten der Anstalt. Es kommt hinzu, was vom Gefangenen selbst am allerschwersten empfunden wird: Der Gefangene sieht, daß das Produkt seiner Arbeit durchaus nicht dem Staate, sondern irgend einem fremden Fabrikherrn oder Großhandwerker zugute kommt. Die Durchsteckerei in allen Formen muß bei diesem System in wesentlich größerem Umfange vorkommen, als wo es der Gefangene nur mit den Beamten und Unterbeamten zu thun hat; und die Disziplinarvergehen sind hier in der That zahlreicher als unter dem anderen System. Es sei ausdrücklich darauf hingewiesen, daß, wenn thätliche Widersetzung des Gefangenen dem Unternehmer oder seinem Werkmeister gegenüber vorkommt, dies in unseren preußischen Strafanstalten zur Verhängung körperlicher Züchtigung führen kann. Dieses fremde Element, das in den Strafvollzug hineinkommt, läßt für sich allein schon der Unternehmerbetrieb in einem recht ungünstigen Lichte erscheinen.

Das zweite Bedenken ist wirtschaftlicher Natur. Allerdings hat der Unternehmer gewisse Vorteile: die Räume werden ihm zur Verfügung gestellt, ohne daß er dafür zu zahlen braucht, werden beleuchtet und geheizt auf Kosten des Staates. Die Sträflinge müssen arbeiten, auch wenn sie nicht wollen, Ausstände zum Zwecke der Lohnerhöhung fallen vollständig fort. Wenn dennoch der Abschluß der Verträge immer auf bedeutende Schwierigkeiten stößt, hat dies seine besonderen Ursachen.

Vor allem ist die Arbeitskraft der in ihrer Ernährung mehr oder weniger herabgekommenen Gefangenen wesentlich geringer als die der freien Arbeiter. Aber auch die Arbeitswilligkeit ist oft auf ein Mindestmaß herabgedrückt. Ungelernte müssen für die Arbeit erst angelernt werden, was oft Monate, ja Jahre in Anspruch nimmt; viel Material wird verdorben, die minderwertigen Lehrlingsprodukte sind zahlreich, und alle diese Verluste kommen auf Rechnung des Unternehmers. Es kommt hinzu, daß er mit der festgesetzten Kopfzahl unter allen Umständen ohne Rücksicht auf die Konjunktur arbeiten muß, daß er den Betrieb einzuschränken nicht in der Lage ist. Die Folge ist, daß die Löhne viel geringer sind als die Löhne des freien Arbeiters: ein Viertel oder ein Drittel, ja in den Anstalten, die unter dem Preußischen Justizministerium stehen, selbst ein Zehntel des Lohnes. Der Lohn der Arbeiter wird also gedrückt. Ebenso drückt das System auf den Preis der Produkte. Die massenhafte Herstellung billiger und minderwertiger Produkte hat eine wesentlich fühlbare Konkurrenz gegenüber dem freien Arbeitsbetrieb zur Folge.

Um mit einigen Zahlen das Gesagte zu erläutern: Im abgelaufenen Rechnungsjahre vom 1. April 1898 bis 1. April 1899 betrug in den Gefängnissen, die unter dem preußischen Justizministerium stehen, d. h. in 1030 Anstalten (größtenteils kleinere Amts- und

Landgerichtsgefängnisse, daneben einige größere, 12 mit mehr als 400 Köpfen) der Durchschnittstagesbestand etwas über 33000 Köpfe, während in den Anstalten unter dem Ministerium des Innern, 52 im Ganzen, etwa 25 000 Gefangene sich befanden, zu welchen 8 600 in den Korrektionshäusern und einige Andere hinzukommen. In den letzten Jahren ist die Zahl etwas gesunken. Wir haben aber noch täglich ein Heer von 70 000 bis 80 000 Köpfen, Weiber mit eingerechnet, die sich in den beiden Arten von Anstalten befinden; und es ist klar, daß die in diesen geleistete Arbeit besonders dann eine gefährliche Konkurrenz wird, wenn eine größere Kopfzahl in einem Betrieb verwendet wird, wie es thatsächlich bis 1870 vielfach der Fall gewesen ist.

Während dieses System auf Wunsch der beiden Preußischen Kammern eingeführt worden ist, während es noch im November 1869 zur weiteren Ausdehnung empfohlen wurde, beginnt in den siebziger Jahren der Kampf der freien Gewerbetreibenden gegen die Gefängnisarbeit, insbesondere gegen das Unternehmersystem. Eine Reihe von Schriften wendet sich dagegen, die Tagespresse tritt in die Opposition gegen das preußische Unternehmersystem schärfer und schärfer ein. 1877 hatte der deutsche Handelstag eine besondere Enquete über den Einfluß der Gefängnisarbeit veranstaltet und auf Grund dieser Untersuchungen erfolgte 1878 eine eingehend motivierte Beschlußfassung dahingehend: eine Einschränkung des Unternehmersystems ist im Interesse der freien Arbeit dringend wünschenswert; es empfiehlt sich, den Regiebetrieb dafür einzusetzen, ihn zu ergänzen durch den Kundenbetrieb, und beide Betriebsarbeiten auszudehnen auf die Anfertigung von Artikeln für den Gebrauch der Reichs- und Landesbehörden: Bekleidungs- und Einrichtungs-Gegenstände für Heer, Marine, Post, Eisenbahnen, Gerichte usw. Mit diesem Beschluß von 1878 tritt die Gestaltung des Arbeitsbetriebes in Preußen, soweit sie unter dem Ministerium des Innern steht, in eine neue Phase ein. Dem Unternehmersystem, das von 1850 bis 1870 geherrscht hatte, ist der Krieg erklärt.

Der Mann, der dem neuen Prinzip zum Siege verholfen hat, wohl der verdienteste von allen preußischen Beamten auf dem Gebiete des Gefängniswesens, ist unser jetziger Referent für Gefängniswesen im Preußischen Ministerium des Innern, Geheimrat Krohne, der als Direktor verschiedener Strafanstalten, zuletzt in Moabit bei

Berlin, den Arbeitsbetrieb aus eigener Anschauung kennen gelernt hatte. Krohne hat die Beschlüsse des Deutschen Handelstages in die Praxis umgesetzt. Schritt für Schritt hat er das Unternehmersystem zurückgedrängt und das System der Arbeit auf Bestellung für Landes- und Reichsbehörden an dessen Stelle zu setzen gesucht; und die Erfolge sind nicht ausgeblieben. 1869 betrug noch die Zahl der an Unternehmer vergebenen Arbeiter 73 %, gegenwärtig beträgt sie nur noch 45,7 %. Ungefähr ein Viertel der Gefangenen, 20 bis 30 % werden beschäftigt für die Hausarbeit der betreffenden Anstalt selbst, also für Reinigung der Zellen, der Höfe, der Korridore, für Anfertigung und Instandhaltung von Bekleidungsstücken usw. An zweiter Stelle werden die Gefangenen verwendet zur Anfertigung von Bedarfsgegenständen der Gesamt-Gefängnisverwaltung und der übrigen Reichs- und Landesbehörden. Besonders Gefängnisbauten, Neu- und Umbauten, werden durch die Arbeitskraft der Gefangenen selbst hergestellt und Bekleidungsgegenstände aller Art für Reichs- und Militärbehörden geliefert. An dritter Stelle erst werden die Gefangenen, die nicht so beschäftigt werden können, an Unternehmer vergeben. Dabei wird Rücksicht darauf genommen, daß eine möglichst große Anzahl von Betrieben in den Anstalten eingerichtet wird und daß der einzelne Unternehmer keine zu große Kopfzahl erhält. 100 ist die regelmäßig eingehaltene Höchstzahl.

So war die Sachlage bis 1895. Von da an datiert eine eigenartige Neuerung, auf die ich heute Ihre Aufmerksamkeit besonders hinlenken möchte.

Bis 1895 haben die größeren Strafanstalten die Ländereien, die um die Anstalt herumlagen und teils der Anstalt selbst gehörten, teils von ihr gepachtet waren, durch die Gefangenen bewirtschaften lassen. Außerdem wurden, besonders zur Erntezeit, die Gefangenen an Grundbesitzer abgegeben, um landwirtschaftliche Arbeiten zu verrichten. Daß diese Abgabe der Gefangenen den Großgrundbesitzern, besonders östlich von der Elbe, sehr angenehm war, ergiebt sich daraus, daß der Landwirtschaftsrat noch 1896 das bestimmte Verlangen ausgesprochen hat, daß der Ersatz für die abziehenden Arbeiter teilweise durch Ueberweisung von Gefangenen und Entlassenen gegeben werden sollte. In durchaus anzuerkennender Weise hat das Ministerium des Innern diesem

Ansturme standgehalten. Ein Erlaß vom 14. Januar 1895 verfügte:

1. Einschränkung des landwirtschaftlichen Betriebes durch die Anstalten selbst;

2. Unbedingtes Verbot der Abgabe von Gefangenen an Grundbesitzer;

3. Gestattung der Verwendung für Landeskulturarbeiten oder Meliorationsarbeiten.

Seit 1895 ist von dieser Gestattung reichlich Gebrauch gemacht worden. Gegenwärtig werden 1000 Gefangene in dieser Art beschäftigt und der Betrieb wird immer noch erweitert. Seit 1895 ist eine Reihe von solchen Arbeiten in Angriff genommen worden. Es handelt sich in erster Reihe um Kultivierung von Moorländereien, Ödländereien usw. In Ostpreußen ist ein großes Gebiet von ungefähr 5000 ha in Angriff genommen; in Hannover ist mit der Kultivierung einer Reihe von Mooren begonnen worden, im Umfange von etwa 1700 ha zusammen, und ebenso in Schleswig-Holstein im Umfange von 250 ha. Diese Gebiete sollen für kleinere und mittlere Ansiedler verwendet werden. In Westpreußen werden die Gefangenen den Ansiedlungskommissionen zur Verfügung gestellt, um größere Güter für den Kleinbetrieb in Stand zu setzen. Weiter kommen in Frage eine Reihe von Arbeiten für die Forstverwaltung. Die Wanderdünen auf der frischen und kurischen Nehrung, auf Hela usw. sollen durch Aufforstung befestigt werden. Für Genossenschaften in Ostpreußen, Rheinland, Westfalen sind Entwässerungsarbeiten, in der Provinz Sachsen Deicharbeiten durch Gefangene verrichtet worden. In Schlesien und Brandenburg handelt es sich darum, die durch Ueberschwemmungen bewirkten Schäden wieder gut zu machen, die Flußbette vom Geröll zu reinigen usw. In Westfalen ist ein Kanal in Angriff genommen worden. Weitere Arbeiten stehen in Aussicht.

Es ist ein eigentümliches Experiment, was da gemacht wurde; um so eigentümlicher, als der Mann, der es machte, Krohne selbst war. Krohne, dessen Verdienste ich um so schärfer hier hervorheben möchte, als ich in diesem Punkte nicht mit ihm einverstanden bin, ein überzeugter, fast leidenschaftlicher Anhänger der Zellenhaft, der in Wort und Schrift verkündete, daß nur die Zelle den Gefangenen vor dem schädlichen Einfluß seiner Mitgefangenen bewahren und ihn zu einem besseren Menschen erziehen könne — Krohne schickt nun die Gefangenen hinaus auf meilenweit entfernte Gebiete, um sie dort arbeiten zu lassen!

Die ganze Einrichtung hat wiederholt auf der Tagesordnung des Vereins der deutschen Strafanstaltsbeamten gestanden, und, obwohl in diesem Verein die Regierungen, die besonders im Ausschusse vertreten sind, einen sehr weitgehenden Einfluß auf die Beschlußfassung ausüben können, ist es den deutschen Regierungen, besonders Preußen, nicht gelungen, einen Beschluß zu Gunsten dieser Einrichtung herbeizuführen. Für die Versammlung des Vereins in Freiburg 1889 hatte der Ausschuß den Beschluß vorbereitet, die Versammlung lehnte es ab, darüber zu beraten. Auf der Versammlung von 1894 in Braunschweig wurde die Beratung abermals vertagt, und dasselbe Ergebnis hatte die Versammlung von 1898 in Darmstadt. Die Gutachten, die über diese Frage eingelaufen sind, lauten sehr verschieden. Ein großer Teil der aus den Praktikerkreisen hervorgegangenen Gutachten sagt, daß die Einrichtung von dem Gesichtspunkte der Strafpolitik aus zu verwerfen sei. Diese Beschäftigung im Freien wäre kein Vollzug der Freiheitsstrafe mehr, besonders wenn die Sache, wie meistens, so verläuft, daß die urbar zu machenden Ländereien sich meilenweit entfernt befinden von der Anstalt, die Gefangenen auf Wochen, auf Monate dort hinausgeschickt, in Baracken usw. untergebracht werden, unter schwächerer Aufsicht stehen, besser beköstigt werden usw. Die Arbeiter empfinden diese Beschäftigung nicht mehr als Strafe, und der ganze wohlthätige Einfluß, den die Inhaftierung haben kann, die Besuche der Beamten, Unterricht, Seelsorge usw. — fällt hier vollständig hinweg. Andere Gutachten sprechen zu Gunsten der Einrichtung. Sie betonen besonders die große wirtschaftliche Bedeutung, die Höhe des Reinertrages bei zweckmäßiger Einrichtung.

Unsere Hauptfrage heute Abend geht dahin, wie wir uns zu dieser in Preußen durchgeführten, verschieden beurteilten Einrichtung zu stellen haben. Als thatsächliche Bemerkung schicke ich voraus, daß zu diesen Arbeiten Zuchthausgefangene verwendet werden, wenn sie mindestens ein Jahr der Strafe verbüßt, sich gut geführt haben und der Strafrest nicht mehr als ein Jahr beträgt; ferner Gefängnisgefangene mit ihrer Zustimmung, wenn sie sechs Monate verbüßt, sich gut geführt haben, und der Strafrest nicht mehr als zwei Jahre beträgt. Zuchthäusler und Gefängnisgefangene dürfen nicht zusammen arbeiten; von freien Arbeitern müssen sie getrennt gehalten werden. Um eine Schädigung der freien Arbeiter zu verhindern, darf diese Verwendung von Gefangenen nur dann stattfinden, wenn die Arbeiten unterbleiben würden, weil freie Arbeiter dafür nicht zu haben sind, oder die hohen Löhne der freien Arbeiter die Anlage unrentabel machen würden.

Fragen wir nun: Empfiehlt sich die Verwendung von Strafgefangenen zur inneren Kolonisation?

Ich bestreite zunächst die Richtigkeit der Fragestellung. Und das ist der Punkt, an dessen Klarlegung mir am meisten gelegen ist. Wenn die Frage so gestellt wird, wie wir es eben gethan haben und wie es ganz regelmäßig geschieht, dann ist sie falsch gestellt. Ebenso falsch, wie wenn wir fragten: Ist das Zellensystem oder ist ein progressiv gestalteter Strafvollzug, der den Gefangenen allmählich der Freiheit wieder zuführt, zweckmäßiger? Ebenso falsch, als wenn wir fragten: Ist die Prügelstrafe zweckmäßig oder nicht? Eine Antwort kann auf die so gestellten Fragen überhaupt nicht gegeben werden. Wir müssen vielmehr uns vergegenwärtigen, was wir mit der Strafe wollen. Es handelt sich hier nicht um den uralten Streit der Strafrechtstheorieen, einer der unfruchtbarsten und thörichtsten Kämpfe, die je geführt worden sind, schon deshalb, weil man sich gegenseitig nicht zu verstehen pflegt, weil die Terminologie des einen dem andern Teile unverständlich ist. Darauf kommt es also nicht an. Wir stellen uns vielmehr auf den praktischen Standpunkt, auf den wir uns auch stets in Fachversammlungen zu stellen pflegen und fragen: Was wollen wir mit der Strafe diesem einzelnen Gefangenen gegenüber? Gerade von hervorragenden Vertretern der sogenannten klassischen Schule ist das Schlagwort in die Welt geschickt worden: Individualisierung des Strafvollzuges. Das ist genau der Standpunkt, den ich mit meinen Freunden einnehme. Es soll eine Einrichtung des Strafvollzugs getroffen werden, so wie sie diesem Gefangenen gegenüber notwendig ist, damit er durch die Wirkung des Strafvollzuges in der Weise beeinflußt wird, wie wir es wünschen.

Es liegt nun auf der Hand, daß eine vollkommene Individualisierung der Strafe für unsere 70 bis 80000 Gefangenen nicht möglich ist. Wir können nicht ein besonderes Reglement für jeden von ihnen aufstellen, für jeden einen besonderen Arbeitsbetrieb einrichten. Was wir durchführen können und müssen ist zunächst eine Gruppierung der Gefangenen und die Gestaltung des Strafvollzuges so, daß wir den einzelnen Gruppen gegenüber in möglichst zweckentsprechender Weise einwirken.

Jeder Versuch einer Gruppenbildung innerhalb der Verbrecher wird uns aber (nach Ausscheidung der Geisteskranken) auf die folgende Dreiteilung führen. Wir müssen unterscheiden: erstens eine große Gruppe von Verbrechern, die absolut unverbesserlich sind; zweitens eine Gruppe, bei der ein erkennbarer Hang zum Verbrechen da ist, bei der aber Hoffnung auf Besserung vorhanden ist; und drittens eine Gruppe, bei der es sich lediglich darum handelt, dem Gefangenen die Macht der Rechtsordnung zu Gemüte zu führen und ihm zu zeigen, daß er sich nicht ungestraft auflehnen darf gegen die Gesamtheit.

Es war 1880 oder etwas später, daß in einer Versammlung des Hamburger Gefängnisvereins, seinerzeit ein außerordentlich tüchtiger Verein, der aber dann an seinem Kampf gegen die moderne Richtung der Strafrechtswissenschaft zu Grunde gegangen ist, daß in diesem Verein mein bald darauf verstorbener Freund und Kollege Dochow den Satz vertrat, daß die erste dieser Gruppen, die Unverbesserlichen, unschädlich gemacht werden müsse, ohne alle Rücksicht auf schlecht angebrachte Humanität. Damals — ich sehe es noch vor mir — stellte sich Krohne vor den Sprecher hin und rief mit dem vollen Brustton der Ueberzeugung: „Rauben Sie mir den Glauben an die Menschheit nicht!" Krohne, der damals nicht zugeben wollte, daß es Unverbesserliche gebe, hat als Referent im Ministerium des Innern eine außerordentliche interessante Statistik eingeleitet, deren erste Ergebnisse schon jetzt zum Nachdenken auffordern und von der wir noch viel erwarten dürfen. Er wollte gerne feststellen, ob und wie viele „Unverbesserliche" es in den Strafanstalten gebe. Diese Statistik ist so eingerichtet, daß diejenigen Gefangenen eine besondere Zählkarte bekommen, die drei schwere Vorstrafen erlitten haben, d. h. Zuchthaus, Gefängnis oder verschärfte Haft wegen Betteln, Landstreicherei u. s. w. Diese Gefangenen werden genau untersucht auf ihr ganzes Vorleben hin, auf die Verhältnisse der Eltern u. s. w. Wenn die Ergebnisse dieser Untersuchung vorliegen und der Mann Jahre hindurch beobachtet worden ist, tritt die

Oberbeamtenkonferenz zusammen und hat die Prognose des Falles zu stellen: ob die Wahrscheinlichkeit des Rückfalles oder die Hoffnung auf dauernde Besserung gegeben ist, oder ob ein non liquet ausgesprochen werden muß. Diese Statistik hat eingesetzt mit dem 1. Oktober 1894. Die vorliegenden Ergebnisse sind abgeschlossen am 31. März 1898, umspannen also einen Zeitraum von 3½ Jahren. Die Zahl der beobachteten Personen ist 21349. Von 20090 hat die Konferenz der Oberbeamten gesagt: „Rückfall wahrscheinlich wegen Unverbesserlichkeit!“, also 20 auf 21 von allen. Krohne hat also durch seine eigene Statistik bewiesen, daß ein Prozentsatz von Unverbesserlichen vorhanden ist, dessen Höhe die schlimmsten Pessimisten nicht hätten befürchten können. Daß eine sichere und lebenslange Verwahrung diesen Gefangenen gegenüber weit mehr am Platze ist als eine solche Beschäftigung meilenweit von der Anstalt entfernt, ist klar, schon allein wegen der Fluchtgefahr. Man könnte einwenden, es würden nur solche Gefangene dazu verwendet, die sich tadellos geführt hätten. Aber gute Führung und Besserung sind zwei durchaus verschiedene Begriffe. Die sich am besten führen, das sind gerade die Unverbesserlichen, die den ganzen Strafvollzug und den Betrieb der Anstalt kennen, die wissen, daß sie durch Arbeit Geld verdienen und daß sie sich Nahrungszusätze, Speck, Brot usw. kaufen können: das sind diejenigen, die sich gut führen im Sinne der Anstalt, die keine oder wenige Disziplinarstrafen bekommen. Diejenigen aber, die sich aufbäumen gegen die Zucht der Anstalt, die den Verlust der Freiheit nicht ertragen können, deren Nervensystem zusammenbricht, wenn die Thür hinter ihnen ins Schloß fällt, die eine Disziplinarstrafe nach der andern bekommen: das sind die Erstlingsverbrecher. Die gute Führung ist also durchaus kein Beweis für Besserung. Die Verordnung des Preußischen Ministeriums des Innern von 1895 nimmt also auf die unumgängliche Forderung keine Rücksicht, daß die Unverbesserlichen notwendig auszuschließen seien von den Landeskulturarbeiten.

Ich will gleich zur dritten Gruppe überspringen. Diese besteht aus erstmals verurteilten Verbrechern, die ein schweres Verbrechen begangen haben, das aber nicht aus einem verbrecherischen Hang hervorgegangen ist. Diejenigen, die überwiegend durch äußere Verhältnisse zu Verbrechern geworden sind, der wegen der Notlage seiner Familie an der Kasse sich vergreifende Kassenbeamte, der

Jähzornige, der im Wortwechsel den Gegner niedergeschlagen hat, der wegen Majestätsbeleidigung angeklagte Handwerker, der politische Agitator, der den Kandidaten der Gegenpartei beleidigt hat, — sie alle müssen nachdrücklich die Macht der Rechtsordnung zu Gemüte geführt erhalten. Sie aber durch Arbeit „bessern“ zu wollen, wäre ein gänzlich verkehrtes Unternehmen. Es sind Leute, die wir in der Zelle behalten müssen, die aber zu Landeskulturarbeiten wahrhaftig nicht verwendet werden sollen. Wieder könnte Krohne erwidern: sie werden nur mit ihrer eigenen Zustimmung dazu verwendet. Aber wiederum ist dieser Einwand gänzlich unstichhaltig. Um aus dem öden Einerlei des Gefängnisses herauszukommen, um ein paar Stunden oder gar wochenlang frische Luft atmen zu können und unter Menschen zu sein, wird ein Jeder, wenn er nicht ein sehr fein besaitetes Gemüt besitzt, gern seine Zustimmung geben.

Die dritte Gruppe sind die Besserungsbedürftigen und Besserungsfähigen, die, weil sie aus Arbeitsscheu zu Verbrechern geworden sind, wir zu erziehen gedenken, und sie dann hinausgeben wollen in die Freiheit. Diesen Elementen gegenüber muß der Strafvollzug ganz anders sich gestalten als den beiden andern Gruppen gegenüber. Einerseits muß die Dauer der Freiheitsentziehung eine gewisse Ausdehnung erreichen, andererseits müssen wir darauf dringen, daß sie allmählich der Freiheit wieder gegeben werden. Wir müssen den Strafvollzug progressiv gestalten. Der Strafvollzug muß einsetzen mit einer etwa sechs bis neun Monate umfassenden Einzelhaft, in der der Gefangene mürbe werden soll, dann muß gemeinschaftliche Tagesarbeit mit anderen Verbrechern eintreten, dann die bedingte Entlassung sich anschließen, bei der er unter dem Vorbehalt der guten Führung in die Freiheit hinausgeschickt wird. Hier würde sich die Beschäftigung dieser Leute im Freien durchaus naturgemäß dem progressiv gestalteten Strafvollzug eingliedern lassen: nach der gemeinschaftlichen Haft und als Zwischenstufen zwischen dieser und der bedingten Entlassung, als Mittelglied, etwa der irischen Zwischenanstalt entsprechend. Das wäre also die richtige Stellung für die Beschäftigung der Gefangenen zu Landeskulturaufgaben. Aber — seit Jahrzehnten wird uns gerade von den tonangebenden Kreisen und von Krohne selbst gesagt: „einen progressiv gestalteten Strafvollzug wollen wir nicht!“

Das Ergebnis ist also: dort, wo die Beschäftigung im Freien nicht paßt, wird sie angewendet; wo sie paßt, wird sie auch angewendet, aber nicht als organisches Glied eines progressiv gestalteten Strafvollzuges, sondern ohne Prinzip und daher ohne entsprechenden Erfolg. Das wäre meine Antwort auf die oben aufgeworfene Frage.

Ich habe diese eine spezielle Frage aus dem weiten Gebiete des Gefängniswesens herausgegriffen, weil sie an sich schon wegen ihrer volkswirtschaftlichen Bedeutung ein gewisses allgemeineres Interesse beanspruchen darf. Ich wollte aber hauptsächlich zeigen, daß es zur Lösung eines jeden solchen Problems unbedingt notwendig ist, daß wir uns auf den prinzipiellen Standpunkt stellen und immer fragen: „Was wollen wir mit der Freiheitsstrafe überhaupt, was wollen wir mit der Freiheitsstrafe diesem Individuum gegenüber?" Es läßt sich dabei durchaus vermeiden, daß man auf den großen, Jahrtausende alten Streit der Strafrechtstheorieen zurückzukommen braucht. Wir wissen aus Erfahrung, daß wir in den Fachvereinen und Gefängnisgesellschaften uns über diesen Punkt verständigen können, trotz der verschiedensten Lebensstellung und Lebensauffassung. Die strenggläubigsten evangelischen Pastoren, die Anhänger der neokatholischen Richtung in Frankreich und Belgien, Anhänger und Gegner der Willensfreiheit, Professoren des Strafrechts und Gefängnisbeamte — stets sind wir in den Hauptfragen einig gewesen, wenn auch selbstverständlich bei einzelnen Problemen die Antwort da und dort bei dem einen oder anderen verschieden gelautet haben mag.

Und wenn eine allgemeine Bemerkung, eine Nutzanwendung aus dem Gesagten hergeleitet werden sollte, so wäre es diese: daß wir an alle Fragen der Wissenschaft wie des praktischen Lebens herantreten müssen ohne Voreingenommenheit und ohne Schlagworte und Redensarten, mögen sie hergenommen sein aus irgend einer angeblichen oder wirklich vorhandenen Weltanschauung, aus einer religiösen oder politischen Parteistellung, oder aus den aprioristischen Begriffen einer philosophischen Schule. Die Methode, die wir bei der Lösung der uns gestellten Probleme zur

Anwendung zu bringen haben, ist stets dieselbe: ruhige, gewissenhafte Beobachtung der Thatsachen, wie sie das Leben uns giebt, und nüchterne Beurteilung der Zweckmäßigkeitsfrage. Emanzipation von Schlagworten wie von aprioristischen Begriffen, — das wäre also die allgemeinste Nutzanwendung, die aus meinen heutigen Ausführungen zu ziehen ich Sie herzlichst gebeten haben möchte!

Druck von Georg Reimer in Berlin.

Kolibri 360 GmbH
Ferdinand-Jühlke-Straße 7
99095 Erfurt, Deutschland
produktsicherheit@kolibri360.de